ARS ARTIUM

REGIMEN ANIMARUM

ARS ARTIUM
REGIMEN ANIMARUM

LE PROFESSEUR

JACQUELINE, IMPRIMEUR.

I

LE PROFESSEUR DANS L'ANCIEN ORATOIRE

Le choix des régents, leur direction spirituelle, leurs exercices de piété, leurs travaux et jusqu'à leurs délassements étaient l'objet de toute la sollicitude de la Congrégation, qui voulait qu'une pensée de foi vivifiât toutes les études.

Au sortir du noviciat, les plus pieux et les plus capables des jeunes confrères étaient envoyés dans les colléges de la Congrégation, pour s'y livrer à l'enseignement pendant dix ou douze ans, et préluder par ce rude mais fécond apprentissage de leurs talents, aux divers services qu'ils étaient appelés à rendre plus tard à l'église dans les lettres, dans les sciences, dans le ministère pastoral, ou dans la prédication. Ils débutaient par la chaire de sixième. ...

Chacune de leurs leçons du matin et du soir devait être de leur part l'objet d'une preparation particulière; et les heures qui leur restaient libres devaient être consacrées par eux à l'étude de l'Écriture Sainte et surtout du Nouveau Testament, des Saints Pères, des Conciles, du Droit Canon, de la Théologie scolastique et morale et de l'Histoire ecclésiastique. Deux fois par semaine se tenaient, sous la présidence du Supérieur ou du Préfet, des conférences où chacun était admis à soumettre ses doutes et ses difficultés sur ses lectures, et en provoquer la solution. Mais autant ils étaient tenus de s'adonner aux lettres et aux sciences profanes pendant cette première période de leur vie religieuse, autant leur supérieur devait s'appliquer à les prémunir contre les vanités ou la dissipation qu'elles étaient de nature à leur inspirer.

« Nous devons à la vérité, disait le P. de
» Bérulle, cultiver nos esprits, mais en tra-
» vaillant à nous dépouiller des nôtres et à
» acquérir celui de Dieu. Veillons dans nos
» colléges, où il y a plus d'exercices de
» l'esprit humain, à ne pas laisser affaiblir
» ceux de l'esprit de Dieu, et que l'usage de
» la piété prédomine sur celui de la science.
» Plus l'esprit est orné de sciences, plus il
» faut que l'âme soit ornée de vertus. Or, la
» plus nécessaire à ceux qui enseignent, est
» l'humilité contre la présomption, la soumis-
» sion et la modestie de l'esprit contre la
» science. » — « Servez-vous des sciences
» humaines comme d'un hameçon pour

» gagner les écoliers à Dieu, en leur appre-
» nant en même temps l'esprit de la religion.
» C'est ainsi que vous formerez insensible-
» ment des prêtres zélés pour le sacerdoce,
» de bons pères de famille et de bons magis-
» trats pour le monde.... Vous y réussirez
» certainement si, aux fréquentes instructions
» que vous leur ferez, vous joignez la prière
» et le bon exemple. »

Aussi l'Oratoire exigeait-il de ses régents qu'ils s'étudiassent à acquérir une modestie et une gravité qui les fissent respecter de tous leurs élèves, une patience qui sût attendre d'eux des fruits de vertu, une fermeté douce qui les pliât à la règle sans rigueur, une indulgence prudente qui leur fit pardonner les fautes légères; mais surtout à témoigner à chacun une affection de père, qui s'étendît à tous également et sans aucune distinction de mérite ou de position, et se révélât jusque dans ses rigueurs. Du reste, les paroles injurieuses, les impatiences, et à plus forte raison les sévices étaient formellement défendus.. .

Il leur était en outre recommandé de beaucoup prier pour leurs élèves et de se regarder comme chargés d'acquitter leurs dettes envers Dieu et d'attirer sur eux ses miséricordes, d'élever souvent leur esprit vers Dieu , en étudiant; de s'arrêter, en allant en classe, devant le Saint-Sacrement, pour offrir cet exercice au Dieu de l'Eucharistie, implorer son esprit et sa grâce, lui consacrer leurs paroles et leurs intentions et renoncer à tout amour-propre; et, pendant leur cours, d'adorer Jésus-Christ comme maître et de le prier de le bénir.

(Histoire du College de Juilly.)

II

UN PROFESSEUR

AU PETIT-SÉMINAIRE D'AUTUN

« Monsieur F*** se livrait, se donnait, se dépensait pendant ses classes, mais il se dépensait surtout dans son travail préparatoire. Il aimait la science, il la poursuivait avec ardeur, et toujours pour ses élèves.

« Dans ses Notes, il comparait le professeur à un semeur qui doit confier à la terre de l'intelligence le double grain de la science et de la vertu, et il s'écriait : Soyons savants, soyons saints, apprenons beaucoup afin de donner largement !

« Dans ce travail obscur du cabinet, sa pensée était toute au succès de ses élèves. Pere dévoué, mère pleine de sollicitude, il savait que les aliments de l'intelligence, comme ceux du corps, s'assimilent d'autant mieux qu'ils sont mieux préparés; c'est pourquoi il rédigera avec soin ses cahiers de tout genre. Afin d'arriver à l'expression la plus précise, à l'exposition la plus nette, il les reverra, les complétera chaque année. En toutes circonstances, il recueillera tout ce qui pourra lui être utile pour une explication, un développement intéressant. Jamais il n'abordera sa chaire, même après vingt-sept ans de professorat, sans avoir préparé soigneusement ce qu'il doit dire et expliquer. Semeur de l'intelligence, il choisissait son grain, le vannait, le préparait, et rien ne lui échappait : ni la tenue des copies, ni la prononciation. On demandait à l'immortel

Poussin comment il avait porté si haut l'idéal de la peinture. il répondit : Je n'ai rien négligé. A qui demanderait comment M. F *** devint un professeur si éminent, nous pourrions répondre : *Il n'a rien négligé*

« Comprenant que l'enseignement d'une classe, si utile par le choc des intelligences, le stimulant de l'émulation, ne devient fécond qu'autant qu'il s'individualise, fidèle aux conseils des maîtres, il corrigera, et la plume à la main, chaque copie de chacun des nombreux devoirs de ses élèves ; à chacun de ces jeunes gens il rendra compte de ses fautes, et malheur à celui qui plusieurs fois commettra la même infraction aux règles du goût et de la grammaire. Ses élèves se rappellent encore avec quelle vivacité une faute répétée était reprise.

« Ce travail, pénible par sa nature, par sa

monotonie, fut son martyre ; il lui fallait souvent lever les yeux au ciel, regarder son crucifix, et quoique le labeur fût dur, il n'y faillit jamais : il s'agissait de ses élèves. N'est-ce pas le sacrifice de saint Paul, qui se comparait à une mère : *Tanquam si nutrix foveat filios suos ?*

« La science du professeur, M. F*** la possédait : il savait beaucoup, ce qu'il savait il le savait bien, et il avait le talent de le communiquer ; pour atteindre ce but, il n'épargnait ni fatigues ni veilles. Et cependant il ne voyait là que la moitié de sa tâche.

« Suivant la pensée de saint Jean Chrysostôme, il regardait comme un ministère sublime la formation du cœur, du caractère de ses élèves, l'éducation de l'homme chrétien. « *Quid majus...... quam adolescentulorum* » *fingere mores? Omni certe pictore, omni*

» *certe statuario, cæteris que ejusmodi om-*
» *nibus excellentiorem hunc duco, qui animos*
» *fingere non ignoret.* »

« Dans chaque élève il entrevoyait l'âme à élever, le cœur à nourrir des plus nobles sentiments. La classe devenait une vocation, un ministère religieux, un apostolat. Tout lui servait pour atteindre ce grand but d'une vraie éducation : un récit d'histoire, une thèse de philosophie, un détail même insignifiant : il saisissait avec un à-propos admirable toutes les occasions de rectifier une pensée fausse, de compléter une notion imparfaite, de donner à ses élèves une leçon d'autant plus profitable qu'elle était moins attendue. »

PENSÉES DIVERSES

Il faut prendre les enfants comme ils sont et non comme ils devraient être.

ANT. ARNAULD.

Prendre pour soi toute la peine, afin que tout le profit soit pour les élèves : telle doit être la maxime d'un bon maître. ANT. ARNAULD.

Aplanissez les difficultés, les élèves travailleront mieux. ANT. ARNAULD.

Les jeunes gens apprennent toujours volontiers et facilement ce qu'ils entendent bien ; il ne s'agit que de le leur faire entendre avant d'exiger qu'ils l'apprennent. ANT. ARNAULD.

Il n'y a tel que d'alleicher l'appétit et l'affection : aultrement on ne faict que des asnes chargez de livres : on leur donne à coups de fouet en garde leur pochette pleine de science ; laquelle, pour bien faire, il ne fault pas seulement loger chez soy, il la fault espouser.

MONTAIGNE.

Sçavoir par cœur n'est pas sçavoir : c'est tenir ce qu'on a donné en garde à sa mémoire. Ce qu'on sait droittement, on en dispose ; sans regarder au patron, sans tourner les yeux vers son livre.

MONTAIGNE.

On ne cesse de criailler aux oreilles des étudiants, comme qui verserait dans un entonnoir ; et leur charge, ce n'est que redire ce qu'on leur a dit. Je voudrais que le Précepteur corrigeast cette partie ; et que de belle arrivée, selon la portée de l'âme qu'il a en main, il commençast à la mettre sur la montre, lui faisant gouster les choses, les choisir et discerner d'elle-même ; quelquefois luy ouvrant le chemin, quelquefois le luy laissant ouvrir. Je ne veux pas que le maistre parle seul : je veux qu'il escoute son disciple parler à son tour. Socrate, et depuis Arcesilaüs, faisaient premièrement parler leurs disciples, et puis ils parlaient à eux. *Obest plerumque iis qui discere volunt, auctoritas eorum qui docent.* Il est bon qu'il le fasse trotter devant luy pour juger de son train et jusqu'à quel point il se doibt ravaller, pour s'accommoder à sa force. A faute de cette proportion, nous gastons tout. Et de la sçavoir choisir, et s'y conduire bien mesurément, c'est une des plus ardues besoignes que je sçache : et c'est l'effet d'une haute âme et bien forte, sçavoir condescendre à ces allures puériles et les guider. .... Qu'il ne lui demande pas seulement compte des mots de sa leçon, mais du sens et de la substance. Et qu'il juge du profit qu'il aura fait, non par le témoignage de sa mémoire, mais de sa vie. Que ce qu'il viendra d'apprendre, il le luy fasse mettre en cent visages, à accommoder à autant de divers subjets pour voir s'il l'a encore bien pris et bien faict sien. MONTAIGNE.

Il faut aller par degrés, c'est toujours la grande méthode. FÉNELON.

Pressons la classe le plus que nous pourrons, animons-nous nous-mêmes, ne nous endormons pas ; mais n'avançons dans l'auteur d'explication, dans la grammaire, dans l'analyse, qu'à mesure que les élèves savent parfaitement bien. On est savant non pour avoir beaucoup vu, mais pour avoir beaucoup retenu. *Non ab ingestis, sed a digestis sit nutritio.* Ayons donc pour maxime : Voir bien les choses, et non pas voir beaucoup de choses. L'ABBÉ GALIANI.

Les élèves ne sauront jamais rien, s'ils ne savent leurs principes en perfection. A l'égard des principes, lors même qu'on est plus avancé, il ne faut jamais manquer de les faire revenir de temps en temps. P. JUDDE.

Le succès dans l'enseignement ne dépend pas toujours de la perfection du livre mis entre les mains des élèves, mais il dépend du parti que le professeur sait en tirer, quand il le possède bien lui-même. ANT. ARNAULD.

www.ingramcontent.com/pod-product-compliance
Lightning Source LLC
LaVergne TN
LVHW052041160826
845678LV00003B/1463
9782329622002